Edition Delta

Koreanische Literatur

Herausgegeben von Juana Burghardt

www.edition-delta.de
office@edition-delta.de

© 2020 Edition Delta, Stuttgart.
Alle deutschsprachigen Rechte

© Originaltexte: Kim Yang-Shik, Seoul
Umschlaggestaltung: Juana Burghardt

Herstellung und Druck
in Deutschland

ISBN 978-3-927648-71-5

김양식

Kim Yang-Shik

순간 순간이

Jeder Augenblick

Aus dem Koreanischen übertragen
und mit einem zweisprachigen Nachwort
von Sophia Tjonghi Seo

Edition Delta

김양식

순간 순간이

Kim Yang-Shik

Jeder Augenblick

하오 下午

연 잎이 바람에 스치면
무슨 얘긴가 하는 상 싶어 눈을 감는다.

하늘 먼 자락에

하늘 먼 자락에 구름 날리면
바람은 공空으로 돌아가는 몸짓을 하네.

Nachmittag

Wenn der Wind das Lotusblatt streift,
schließe ich die Augen und frage mich, was er mir erzählt.

Im fernen Teil des Himmels

Wenn im fernen Teil des Himmels Wolken fliegen,
setzt sich der Wind, um zur Leere zurückzukehren.

내게 띄운

내게 띄운 저 어린아이의 슬몃한 눈길에
어느새 몇 겹의 바람은 스쳐가네.

누구를 위해 흐르는가

저 맑은 시냇물은 누구 위해 흐르며
저 하늘의 꽃구름은 누구 위해 흐르는가

Der Blick

Auf den Blick eines Kindes, der mir zugeworfen wurde,
legt sich heimlich der Wind in mehreren Schichten.

Für wen

Für wen fließt dieser klare Bach?
Für wen fließen diese blumigen Wolken am Himmel?

초연히 웃고 섰는

초연히 웃고 섰는 저 해맑은 눈망울의 아이들은
그대로 향기로운 연꽃입니다.

생각은

생각은 언제나 생각으로 멈추고
찬비 젖어드는 싸늘한 길 위에 흩어진다.

Unschuldig lächelnd

Die unschuldig lächelnden Kinder mit ungetrübten Augen
sind wahrhaftig duftende Lotusblumen.

Gedanken

Gedanken bleiben stets nur Gedanken,
die auf den nassen Straßen vom kalten Regen zerstreut werden.

진실은

진실은 길가에 구르는 돌 속에 숨어 있고
들판에 피어 있는 꽃 속에 숨어 있다.

빛은

빛은 때로 자비의 미소가 되고
빛은 때로 깨우침의 눈물이 되고-

Die Wahrheit

Die Wahrheit versteckt sich in den Steinen, die auf den Straßen liegen,
und sie versteckt sich in den Blumen, die auf den Feldern blühen.

Das Licht

Das Licht wird manchmal zum Lächeln der Gnade
und manchmal zur Träne der Erwachung.

삶의 노정에서

삶의 노정에서 만나는 작은 기적들은
때 없이 내 잠든 영혼을 일깨운다.

지금 나는

지금 나는 빈 하늘을 생각하네
생각은 거기 스미어 흔적도 벌써 없네.

Entlang des Lebensweges

Die kleinen Wunder entlang meines Lebensweges
wecken meine eingeschlafene Seele wieder auf.

Mein Gedanke

Ich denke an den leeren Himmel
und schon wird mein Gedanke dort aufgesogen,
                                      ohne eine Spur zu hinterlassen.

내가

내가 의식하지 못하고 있음은
결코 내가 망각하고 있음이 아니다.

내 눈물의 뜻은

어쩌다 하염없이 흐르던 내 눈물의 뜻은
참으로 고귀한 침묵의 가르침이었다.

Ich

Dass ich etwas nicht wahrnehme,
heißt nicht, dass ich es vergesse.

Die Bedeutung meiner Tränen

Die Bedeutung meiner Tränen, die grundlos unaufhaltsam flossen,
lag in der wahrhaftig wertvollen Lehre über das Schweigen.

세월이

세월이 흘러 잊혀져 가는 기억들은
그저 감미로운 선율로 흐르게 하라.

목숨 붙은 모든 것

목숨 붙은 모든 것 생사生死의 고리 엮어
끝없이 법法의 수레바퀴를 굴리고 있다.

Die Zeit

Lass die im Laufe der Zeit vergessenen Erinnerungen
mit einer lieblichen Melodie dahinfließen.

Alles, was am Leben hängt

Alles, was am Leben hängt,
        ist mit dem Ring des Lebens und des Todes verbunden
und dreht unaufhörlich am Rad des buddhistischen Gesetzes.

끝 간 데 없는

끝 간 데 없는 사막의 뜨거운 모래바다 위
줄지어 가는 저 쌍봉낙타의 인내를 보라.

오래 전 가신 아버지

오래 전 가신 우리 아버님 자주 그리워
참으로 과묵하시던 그 속마음 다시 헤아린다.

Endlos

Schau, wie geduldig die Großkamele
in Reihen durch die Hitze der endlosen Wüste wandern!

Vater

Ich vermisse oft meinen vor langer Zeit verstorbenen Vater
und verstehe jetzt sein stets in Schweigen gehülltes Herz.

서로 보내고

서로 보내고 떠남이 너무나 허전하여
숨쉬고 사는 것 마저 서럽고 가여웁다.

단상斷想

짙은 아픔이 천근千斤의 무게로 스칠 때마다
삶은 더욱 성숙해지는 것.

Der Abschied

Jemand gehen zu lassen oder zu verlassen,
                              hinterlässt eine so große Leere,
dass sogar das Atmen und Leben Trauer verursachen.

Aphorismus

Das Leben wird jedes Mal reifer,
wenn es ein tiefer Schmerz mit einem tonnenschweren Gewicht
                                               streift.

우리는 모두

우리는 모두 피안의 춤추는 먼지
바람에 강바람에 무너져 가는-

내 눈길

내 눈길 먼 산등성에 머무는 사이
흔적 없이 가고 오는 세월이었다.

Wir alle

Wir alle sind tanzender Staub im Jenseits,
aufgewirbelt vom Wind, der vom Fluss her weht.

Mein Blick

Während mein Blick auf dem Bergrücken weilt,
schlendert die Zeit spurlos vorbei.

한 마리 새

한 마리 새 날아간 빈 자리에
저토록 표표히 풀려나는 젓대소리여.

돌담 틈새

돌담 틈새 황금빛 눈부신 민들레꽃 하나
그 오기 찬 뿌리의 상긋함이여.

Ein Vogel

Am leeren Platz, den ein Vogel hinterließ,
ertönt leise der Klang einer Flöte.

In der Steinmauer

In der Steinmauer blüht golden ein Löwenzahn zwischen den Steinen
und zaubert mit seinem Eigensinn ein Lächeln auf mein Gesicht.

잔잔한 호숫가에

잔잔한 호숫가에 내 얼굴 비춘다
거기 잔물결은 밀려오며 나의 나이테를 만든다.

나이 들어

나이 들어 손가락 마디마디가 굳어지더니
제일로 수월한 홈질마저도 이젠 힘드는구나.

Am stillen See

Am stillen See spiegelt sich mein Bild,
dem die kräuselnden kleinen Wellen Jahresringe verpassen.

Im Alter

Im Alter sind auch meine Finger ungelenk,
so ist auch die einfachste Näharbeit mühsam geworden.

바쇼에게

그대 스쳐간 그윽한 시심詩心의 오솔길 따라
거기 짚신 발자국마다 새풀이 돋네.

아침바람에

아침바람에 살랑이던 난초 한 잎이
샘물 주는 내 손등을 살짝 간질이는구나.

Für Herrn Basho*

In jedem Fußstapfen, den Du frohes Dichterherz
mit Deinen Strohsandalen hinterlassen hast, sprießt ein neues Grün.

*Matsuo Basho (1643–1694) war ein Laienmöch des Zen-Buddhismus in Japan und gilt als Gründer der klassischen Haiku-Schule.

Wind am Morgen

Das Blatt der Orchidee, das sich am Morgen im Wind biegt,
kitzelt sanft meine Hand, die Wasser aus dem Gebirgsbach schöpft.

난 蘭

내가 한 포기 너보다도 훨씬 못해 보이는 날엔
울음 낀 하늘만이 내 안에 있는 것을-

이승에서

이승에서 이 육신은 다만 한 조각 뗏목
영원의 강물 위를 뒤척이며 흘러가는-

Orchidee

An den Tagen, wenn ich nicht mehr wert bin
                                      als ein Orchideen-Steckling,
breitet sich bloß der traurige Himmel in mir aus.

Im Diesseits

Im Diesseits ist dieser Körper nur ein Holzfloß,
das schaukelnd über den endlosen Fluss dahinfließt.

내 육신은

내 육신은 천지간을 떠도는 구름
내 영혼은 천지간을 누비는 바람.

나의 과거는

나의 과거는 영원한 망각으로 흐르고
나의 미지는 영원한 자유로 물살져온다.

Mein Körper

Mein Körper ist eine Wolke, die zwischen Himmel und Erde
umhertreibt.
Meine Seele ist der Wind, der über Himmel und Erde herrscht.

Meine Vergangenheit

Meine Vergangenheit fließt in die endlose Vergessenheit dahin,
meine Zukunft ergießt sich in endloser Freiheit.

가끔은

가끔은 헛된 욕심이 스스로 부끄러워
순간을 영원으로 밀어내고 싶은 것 -

그렇지

그렇지, 쳇바퀴처럼 빙빙 돌아가는 세상
사람으로 하여 더더욱 어지러운 세상.

Manchmal

Manchmal schäme ich mich für meine sinnlose Gier.
Solche Momente will ich in die Ewigkeit fortschieben.

So ist es

So ist es. Die Welt dreht sich wie ein Hamsterrad
und die Menschen verursachen ein Durcheinander.

때로는

때로는 지난 일을 잊어버림도 좋다.
아쉬움 없이 깨끗이 다 잊어버림도 좋다.

삶은

삶은 순간순간이 값지고 소중한 것
순간순간이 기적이고 기쁨이고 고마운 것.

Von Zeit zu Zeit

Von Zeit zu Zeit ist es gut, Vergangenes zu vergessen,
restlos ohne Reue zu vergessen.

Das Leben ist

Jeder einzelne Augenblick des Lebens ist wertvoll und wichtig.
Jeder einzelne Augenblick ist ein Wunder, Freude und Dankbarkeit.

슬픔을 어찌

슬픔을 어찌 무게로 저울질할 수 있으랴
기쁨인들 어찌 무게로 저울질할 수 있으랴.

있는 그대로

있는 그대로 그냥 그렇게 사는 것이지
그냥 그렇게 살다가 가는 것이지-

Traurigkeit

Wie kann man bloß die Traurigkeit mit der Waage wiegen?
Wie kann man bloß die Freude mit der Waage wiegen?

So wie es ist

So wie immer leben wir,
so leben wir einfach vor uns hin, bis wir schließlich gehen.

석가여래

석가여래 해맑은 이맛전에 비쳐 드는 햇살
석굴암 아침은 참으로 눈부시어라.

밤새 명멸하는

밤새 명멸하는 상념의 불면은 무엇이며
이 풋풋한 새아침의 햇살은 또 무인가

Der Buddha

Der Sonnenstrahl fällt auf die Stirn Buddhas,
der Morgen in Sokkuram* ist wahrlich voller Licht.

*Sokkuram: ein buddhistischer Grottentempel in der Nähe der Stadt Kyongju, der ehemaligen Hauptstadt in der Shilla-Dynastie (57 v. Chr. – 935 n. Chr.). Sokkuram Buddha hatte früher einen Edelstein auf der Stirn, der in der japanischen Besatzungszeit entwendet wurde.

Die ganze Nacht

Was hat die andauernde Schlaflosigkeit der Nacht zu bedeuten?
Was hat das Sonnenlicht der frisch anbrechenden
                        Morgendämmerung zu bedeuten?

내 꿈은

내 꿈은 젖은 빨랫줄에 매어 달려
허망의 물방울을 뚝뚝 떨구고 있다.

순간 순간이

순간 순간이 시작이며 순간 순간이 종말이다.
그것은 시작도 종말도 없는 그대로의 순환이다.

Mein Traum

Mein Traum hängt über der Wäscheleine
und lässt sinnlos Wassertropfen herunterfallen.

Jeder Augenblick

Jeder Augenblick ist der Anfang und jeder Augenblick ist das Ende.
Das ist der Kreislauf – ohne Anfang und ohne Ende.

이 작은 돌조각에

이 작은 돌조각에 은은히 비쳐난 달무리는
누가 이리도 신묘하게 떠올린 것인가

나는 다만

나는 다만 우주 어느 칸사리에 부유하는
단 한 알의 미세한 먼지일 뿐 -

An einem Steinchen

An einem Steinchen spiegelt sich sanft das Mondlicht.
Wer hat so etwas Geheimnisvolles inszeniert?

Ich bin

Ich bin bloß ein einziges kleines Staubkorn,
das irgendwo in einem Winkel des Kosmos herumschwebt –

내 돌베개 머리맡을

내 돌베개 머리맡을
마음 없이 스쳐가는 산바람 소리.

꽃이 아름다워

꽃이 아름다워 바라보고 있노라면
꽃은 살폿한 향기로 인사를 하네.

An meinem Steinkopfkissen

Mein Steinkopfkissen wird vom Berg her
von einem herzlosen Windhauch gestreift.

Schöne Blume

Ich schaue eine schöne Blume an
und sie grüßt mich mit sanftem Duft.

빛은

빛은 그리움처럼 쏟아 져 내리고
향기는 감미로운 비밀로 여울지는구나.

깊고 맑은

깊고 맑은 골짜기에 피어난 들꽃들은
참으로 그윽한 향기와 미소로 나를 반긴다.

Das Licht

Das Licht ergießt sich wie die Sehnsucht,
der Duft verbreitet sich wie ein Geheimnis.

Im tiefen und klaren Tal

Die Feldblumen, die im tiefen und klaren Tal blühen,
empfangen mich wohlduftend und lächelnd.

목청이 곱고

목청이 곱고 청아한 새일수록
함부로 울어대지 않음을 보라.

빛이 곱고

빛이 곱고 아름다운 새 일수록
제 몸 숨겨가며 날아다님을 보라.

Mit schöner Stimme

Schau, hat ein Vogel eine besonders feine und schöne Stimme,
so singt er nicht ohne besonderen Anlass.

Mit schöner Farbe

Schau, hat ein Vogel eine besonders feine und schöne Farbe,
so hält er sich besser verborgen.

사랑은

사랑은 피어나는 푸르른 잎새 위에
사랑은 피어나는 오색의 꽃잎 위에-

소녀여

소녀여, 네 아리따운 사랑의 분홍빛은
오월의 푸르름 속으로 곱게 스미누나.

Liebe ist

Liebe ist auf dem grünen knospenden Blatt.
Liebe ist auf dem regenbogenfarbenen knospenden Blütenblatt.

Liebes Mädchen

Du, liebes Mädchen, sanft dringt dein bezaubernder,
lieblich rosa Farbton ins Maigrün!

선운사 춘백꽃

산운사 춘백꽃 툭툭 떨어져 깔리는 고목 아래
선홍鮮紅 빛 눈부신 꽃자리는 누굴 위함인가

봄빛은

봄빛은 향기로운 정 가득히 품어 안고
대지 위에 골고루 사랑을 뿌리나니.

Die Kamelie vom Seonun-Tempel*

Für wen ist der rote Teppich, der die Kamelie vom Seonun-Tempel
unter dem alten Baum ausgebreitet hat?

*Seonun-Tempel: einer der berühmtesten Tempel des Jogye-Ordens im koreanischen Buddhismus, liegt ca. 200 km südwestlich von Seoul.

Licht im Frühling

Das Licht im Frühling kommt mit duftender Erwartung
und streut gleichmäßig Liebe über die Erde.

연꽃

새아침 매미울음에 연꽃 피어
웃을 듯 웃는 이슬 젖은 연꽃입술이여.

창포에 머리 감고

창포에 머리 감고 우러른 하늘자리
거기 슬몃 떠있는 초승달은 어찌 그리 고울까

Lotusblume

In der Morgendämmerung ist die Lotusblume
     zum Gesang der Zikaden
aufgegangen und lächelt schüchtern mit taufeuchten Lippen.

Nach dem Haarewaschen

Nachdem ich meine Haare in der Schwertlilie gewaschen habe,
     schaue ich nach oben.
Wie kann der am Himmel hängende Sichelmond so wunderschön sein?

흐르는 골짜기

흐르는 골짜기 물길 따라 들러리선
강아지풀들의 살랑이는 귀엣말.

나를 눈물 짓게 하는

나를 눈물 짓게 하는 흙피리 소리
바람은 모른 척 대숲에서 잠드네

Das fließende Tal

Wenn ich den plätschernden Wasserlauf bis ins Tal hinunterbegleite,
höre ich leise das Flüstern der Süßgräser.

Tränen

Ein Flötenton rührt mich zu Tränen,
aber der Wind schläft ungerührt im Bambusbusch ein.

진정 외로운

진정 외로운 돌 하나의 발원이
보리수나무 짙푸른 그늘 아래 좌정한다.

영혼아

영혼아, 끝없는 들판의 한 송이 오랑캐 꽃
내 외로운 영혼아.

Einsamkeit

Der wahrhaftig einsame Stein bittet,
sich in den dunkelgrünen Lindenschatten legen zu dürfen.

Meine Seele

Meine Seele, meine arme Seele,
die wie das Veilchen allein auf dem endlosen Feld blüht.

석양이 타오르는

석양이 타오르는 강물 위로
뒤쳐진 갈매기 한 마리 홀로 높이 난다.

살구 한 알이

살구 한 알이 내 어깻죽지를 툭 치고 간다.
새 매미울음 한창 자지러지는 한낮.

Die Sonne in der Abenddämmerung

Über dem Fluss lodert die Sonne in der Abenddämmerung
                                                  noch einmal auf
und eine einzige Möwe, die zurückgefallen ist,
                            fliegt jetzt hoch am Himmel.

Eine Aprikose

Als das Konzert der Zikaden am Mittag den Höhepunkt erreicht,
fällt eine Aprikose auf meine Schulter klopfend herunter.

싸리꽃

싸리 꽃 저만치 곱게 피어
연보라빛 등불 켜는 한여름 날 저녁-

석양이 눈부시어

석양이 눈부시어 나룻배는 여름 강에 졸고
흐르던 강바람도 잠시 뱃전에 기대어 존다.

Die Süßkleeblume

An einem Hochsommerabend ist die Süßkleeblume
                                                  so schön aufgeblüht
und zündet ein zartlila Licht an.

Abenddämmerung

Vom Sonnenuntergang geblendet,
                           döst ein kleines Holzboot am Fluss.
Auch Flusswind döst, an die Seite des Bootes angelehnt.

지리한 장마통엔

지리한 장마통에 어디 숨어있었느냐
신나게 빙빙 돌며 나는 고추잠자리떼야

장맛비 개어

장맛비 개어 기차게 솟구쳐나는 매미 소리에
창포 꽃씨는 깜짝 놀라 영글기 바쁘구나.

Der anhaltende Monsunregen

Ihr Libellen, die nun vergnügt herumfliegen,
wo hattet ihr euch während des anhaltenden Monsunregens
versteckt?

Als der Monsunregen aufhört

Als der Monsunregen aufhört, ertönt freudiges Zirpen der Zikaden,
das die Samen der Schwertlilien vor Schreck zum Sprießen bringt.

초가을 산뜻한

초가을 산뜻한 아침바람에
어느새 내 귓볼은 슬몃 간지럽구나.

새아침

새아침 풀잎에 맺힌 이슬방울마다
눈부신 햇살로 가득함을 보라.

Der frühe Herbst

Der frische Wind an einem Morgen im frühen Herbst
kitzelt unbemerkt mein Ohrläppchen.

Morgendämmerung

Schau, wie das blendende Sonnenlicht bei Morgendämmerung
jeden Tautropfen der Gräser durchdringt.

신성한 아침 햇살은

신성한 아침 햇살은 해맑은 미소로
하얗게 바랜 내 영혼을 감싸 안는다.

어디선가

어디선가 당신이 띄워 준 풀피리 소리에
아스라히 여울져오는 들꽃들의 향기여-

Das heilige Morgensonnenlicht

Das heilige Morgensonnenlicht umarmt
meine verwundete Seele mit strahlendem Lächeln.

Von irgendwoher

In den Flötenklang, den du mir irgendwoher geschickt hast,
mischt sich der Duft der Feldblumen aus der Ferne.

온통 물들어

온통 물들어 현란한 가을 산은
살아 있음의 환희로 뜨겁게 안겨온다.

가을 엔

가을 엔 내게 가까운 친구들마저
모두 그윽한 가을빛으로 물들어간다.

Färbung

Der prachtvoll gefärbte Herbstberg
stürzt sich lebensfroh in meine Arme.

Im Herbst

Der Herbst färbt sogar meine vertrauten Freunde
in ruhige Herbsttöne.

하늘빛으로

하늘빛으로 더욱 깊어가는 마음일랑
제 뿌리로 돌아가 깔리는 꽃이게 하소서.

철 늦은 노랑나비

철 늦은 노랑나비 한 마리
어설프게 날으는 늦가을 저녁-

Das Licht des Himmels

Lass das Herz, das in das Licht des Himmels eintaucht,
              eine Blume sein,
die zu den Wurzeln zurückkehrt und sich niederlegt.

Gelber Schmetterling

Der gelbe Schmetterling fliegt unpassend zur Jahreszeit
abends im Spätherbst unbeholfen umher.

이슬에 씻긴

이슬에 씻긴 맑은 가을날 샐녘
밤새 빛나던 별들은 다 어디로 갔을까

해질 무렵

해질 무렵 가을 나무는 심심풀이로
곱게 물든 나뭇잎들을 시나브로 지우고 있다.

Vom Tau gewaschen

An einem klaren, wie vom Tau gewaschenen Morgen im Herbst.
Wohin sind die Sterne verschwunden, die die ganze Nacht
                                                                          gestrahlt haben?

Abenddämmerung

In der Abenddämmerung wischt der Herbstbaum vor Langweile
die schön verfärbten Blätter umher, die ihm zu Füßen liegen.

강둑 길에 핀

강둑 길에 핀 노란 달맞이 꽃이여
스산한 마음 달래어주는 늦가을 저녁

언제나 나는

언제나 나는 제 그림자 갖고 놀던 아이
낙엽 하나 주워 들고 혼자 놀던 아이…

Am Weg entlang des Uferdamms

Die gelbe Nachtkerzenblüte entlang dem Uferdammweg
besänftigt mein aufgewühltes Herz an einem Spätherbstabend.

Ich war immer

Ich war immer das Kind, das mit seinem eigenen Schatten
und mit einem Laubblatt allein spielte…

첫눈 내리는 밤

아주 고요히 첫눈이 내리고 있다.
나는 밤새 꿈도 꿀 수 없구나.

눈발 속

눈발 속 산사로 꺾어 돌아가는 길목
바로 당신의 시 속을 걷는 것 같소.

Die Nacht, in der der erste Schnee fiel

Es schneit, ganz leise fällt der erste Schnee.
Und in dieser Nacht traue ich mich nicht einmal zu träumen.

Bei Schneesturm

Bei Schneesturm ist der Weg zum Bergtempel,
als schreite ich durch dein Gedicht.

창백한 초생달이

창백한 초생달이 서녘으로 기울어가면
내 상념은 새로 빛나는 별들 사이를 부유한다.

아주 떠나는 사람

아주 떠나는 사람 쓸쓸한 배웅 길에
문득 되돌아보는 그와 나의 날들 -

Der blasse Sichelmond

Wenn sich der blasse Sichelmond in den Westen neigt,
schweben meine Gedanken zwischen funkelnden Sternen.

Beim Abschied

Beim Abschied von geliebten Menschen blicke ich
auf unsere vergangenen gemeinsamen Tage zurück.

한겨울

한겨울, 서릿발 서는 이른 샐녘
서산 마루엔 의연한 자태의 보름달이 -

날이 새면

날이 새면 도심의 소음도 온통 잠 깨어
노도처럼 내 귓전으로 밀려와 나를 실신케 한다

Mitten im Winter

Mitten im Winter reift es früh am Morgen.
Über dem Berg im Westen steigt der stolze Vollmond auf.

Bei Tagesanbruch

Bei Tagesanbruch erweckt der Lärm der Stadt meine Ohren,
wie eine stürmische Flutwelle reißt er mich in Ohnmacht.

어쩌다

어쩌다 한겨울의 해맑은 햇살이
눈꽃 핀 나뭇가지 마다 에서 춤을 춘다.

해질녘

해질녘 가창 오리 떼의 광대한 군무는
온통 하늘 물들이는 검은 바람결-

Gelegentlich

Tief im Winter tanzt das klare Sonnenlicht gelegentlich
auf Baumzweigen, die Blüten aus Schnee tragen.

Abenddämmerung

Bei Abenddämmerung färbt sich der Himmel in Gachang*
schwarz durch das Schauspiel der umhertanzenden Wildenten.

*Gachang: Stadt an der südlichen Küste Südkorea.

시나브로 날리는

시나브로 날리는 눈발 헤일 수 있을 것 같아
철없이 내 메마른 손을 창 밖으로 내민다.

겨울 햇살이

겨울 햇살이 해운대 앞바다에 쏟아져 내리면
바다는 온통 현란한 보석으로 눈부시다.

Schneeflocken

Als ob ich die umherfliegenden Schneeflocken zählen könnte,
strecke ich kindlich meine trockene Hand aus dem Fenster.

Das winterliche Sonnenlicht

Wenn das winterliche Sonnenlicht auf das Meer von Haeundae*
                                                                                                        fällt,
glitzert das Meer wie ein funkelndes Juwel.

*Haeundae: In der Nähe von Pusan in Südkorea.

섣달그믐날

섣달그믐날 눈보라 속 칼 바람 끼고
힘써 날아오르려는 딱한 참새 한 마리

생각은

생각은 잠시 머물다
흘러가는 것

Silvester

An Silvester fliegt ein armer Spatz
mit ganzer Kraft kämpfend gegen den Schneesturm an.

Gedanken

Gedanken verweilen nur einen kurzen Augenblick
und lösen sich dann auf.

상념想念

때로 당신은 슬몃 우수를 내보이기도 하는
참으로 권태로운 아름다움이어라.

일상日常 (1)

숨 죽이고 오열도 허락 않는 일상의 무게를
이만큼이나 견디어 오늘에 선다.

Nachdenken

Du bist wahrhaftig eine Schönheit der Langweile,
die hin und wieder deine melancholische Seite zur Schau stellt.

Alltag (1)

Ich stehe heute hier, mit angehaltenem Atem
                                      und dem Gewicht des Alltags,
der keine Klage zulässt, trotzend.

일상日常 (2)

나는 또 소리 없이 다가서는 새날의 빛살을
얼마만큼이나 견디어 내일에 설까

수맥들의 속삭임

땅 밑에서 흐르는 수맥들의 속삭임은
고귀한 잉태의 새로운 눈뜸이다.

Alltag (2)

Wie werde ich morgen hier stehen und das Licht des neuen,
lautlos herannahenden Tages ertragen?

Das Flüstern der Wasserader

Das Flüstern der Wasserader unter der Erde,
die Verkündigung einer edlen Empfängnis.

고운 마음

남에게 먼저 양보하고자 하는 고운 마음은
언제나 평화로운 세상을 염원하기 때문이다.

바닷물결

바람에 밀려 잔잔히 퍼져나는 바닷물결
어디로 가느냐, 어디로 밀려가느냐

Das gute Herz

Das gute Herz, das den anderen den Vortritt lässt,
entspringt dem Wunsch nach einer friedlichen Weltordnung.

Die Welle

Vom Wind getrieben breitet sich das ruhige Meerwasser aus.
Wohin gehst du, wohin wirst du getrieben?

이른 봄

이른 봄, 아직은 짧은 해가 어느덧 서산을 넘어가면
저녁 노을은 물안개 피듯 서서히 바다 위로 번져간다.

눈부신 햇살

밝아오는 새날의 눈부신 햇살이
밤새 이슬 젖은 꽃밭에서 춤을 춘다.

Im frühen Frühling

Wenn im ersten Frühling die Sonne über die Berge im Westen wandert,
breitet sich die Abenddämmerung wie Nebel über dem Meer aus.

Das grelle Sonnenlicht

Das grelle Sonnenlicht des beginnenden Tages tanzt
im Blumenbeet, das noch vom Nachttau feucht ist.

입적入寂

새 빛살 속 숙연토록 청정한 네 이마 위
그지없이 향기로운 화관花冠을 보라

가을엔

가을엔 하늘과 땅과 우리가 모두
하나로 어우러지는 풍요를 꿈꾼다.

Nirvana

Schau, die unbeschreiblich duftende Blumenkrone über deiner
im neuen Licht würdevoll und rein strahlenden Stirn!

Im Herbst

Im Herbst träumen wir vom Reichtum, der durch eine Vereinigung
des Himmels mit der Erde und den Menschen
                                      zustande kommen könnte.

내 삶의 고마움을

내 삶의 고마움을 간직하고져 –
내가 남기고 갈 것은 오직 종이 위의 글들 일뿐.

길가의 꽃들

길가의 씀바귀 꽃, 아주 작은 노란 풀꽃도
상큼한 향기를 소중하게 간직하고 있구나.

Dankbarkeit des Lebens

Als Zeugnis meiner Dankbarkeit für mein Leben
hinterlasse ich bloß ein paar Zeilen auf Papier.

Am Straßenrand

Am Straßenrand blühen Gänseblümchen und winzige gelbe Blumen,
die den frischen Duft sorgsam aufbewahrt haben.

늙은 사암砂岩은

3억5천만년 전의 늙은 사암은
우리에게 무엇을 암시하고 있는가

젊은 사람들

힘없이 가을비가 내리는 오후
그래도 즐겁게 빗속을 걷는 젊은 사람들 -

Der alte Sandstein

Was will uns der alte Sandstein
mit seinen dreieinhalb Millionen Jahren sagen?

Die jungen Leute

An einem Nachmittag rieselt der Herbstregen kraftlos herunter
und die jungen Leute laufen trotzdem fröhlich durch den Regen.

자비는

자비는 더욱 깊은 자비를 낳고
분노는 더욱 무서운 분노만을 낳는다.

모든 사물은

모든 사물은 단순 할수록 좋다
단순한 것은 근본에 가깝기 때문이다.

Die Barmherzigkeit

Die Barmherzigkeit bringt immer mehr Barmherzigkeit hervor,
der Zorn erzeugt immer gefährlicheren Zorn.

Alles

Alles ist besser, je einfacher es ist,
weil die Einfachheit dem Ursprung näher ist.

내가

내가 땅 위를 걸어가고 있다.
바람이 지나가는 것과 같다.

봄비

밤새 봄비가, 곱게 꿈꾸듯 봄비가 내려
오랫동안 잊혀온 흙의 밀어를 듣는다.

Ich

Ich wandere auf der Erde
wie der Wind, der vorbeizieht.

Der Frühlingsregen

In der Nacht fällt der Frühlingsregen wie in einem sanften Traum
und horcht dem lange vergessenen Geflüster der Erde.

깨달음

마음 속에 진정한 깨달음이 있다면
가난은 슬프거나 아픈 것이 아니다.

침묵하는

천년 만년 침묵하는 돌 속에
억겁을 돌아 핀 돌꽃들의 신비여-

Erkenntnis

Wenn es wahre Erkenntnis im Herzen gibt,
ist Armut weder traurig noch schmerzvoll.

Schweigsam

Im tausend und abertausend Jahre schweigenden Stein
liegt das Geheimnis der unzählig oft blühenden Blumen –

옮긴이의 글

김양식 시인은 한국 정서와 시적 감각으로 잘 표현하는 한국 원로 시인 중 한 사람이다. 김 시인의 시는 이미 7 개국(영어, 불어, 일본어, 중국어, 스웨덴어, 러시아어, 인도어) 12 권이 번역되었고 특히 타고르 연구 일인자로 타고르 시집 «기딴쟈리» 를 1983 년에 한글로 번역 한 후 이어 «기딴쟈리» 한영 대역 시집을 2013 년에 상재했다. 아울러 김시인의 시집 9 권과 수필집 3 권, 번역서 9 권을 출판하여 문학적 열정을 높였다.

김양식 시인은 서울에서 1931 년에 출생하여 이화여자대학교 영문과 (BA) 를 졸업 한 뒤 1969 년 미당 서정주 시인의 추천으로 월간 문학을 통하여 «풀꽃이 되어 풀잎이 되어» 로 시인으로 등단했다. 1970 년에 첫 시집 «정읍후사» 을 낸 뒤 현재까지 문학활동을 활발히 하고 있다.

이리하여 김 시인은 한국뿐만 아니라 외국에서도 여러 번 도합 12 번 상을 받았다. 무엇보다 김 시인은 유창한 영어로 국제무대에서 활약이 컸다. 1973 년 제 2 회 세계시인대회의 «Muse of World Poetry» 상을 비롯하여 1976 년 제 3 회 세계시인대회상 «Diploma Aureum Honoris Causa, Baltimore, USA», 1979 년 제 4 회 세계시인대회 대회상 수상. 1986 년 한국현대시인상. 1997 년 문학 21 제정: 민족문학 본상. 1999 년 제 3 회 이화문학상. 2000 년 «시와 시론» 문학상. 2002 년 인도정부에서 수여하는 문화훈장 «Padma Shri» 상. 제 18 회 한국 펜 문학상 그리고 2018 년 3 월 16 일 «Honorary Fellowship» 상을 받아 한국과 인도 간의 문화교류에 앞장 선 공로로 인도 국립문화원의 명예회원이 됐다. 이 상은 해외 작가로서 인도 문학 발전에 힘쓴 이에게 수여하는 일종의 영구 회원증 이다. 타고르의 노벨문학상 수상작인 시집 «기딴쟈리» 를 비롯하여 인도 시집, 희곡집 등을 한글로 번역하여 소개한 공로이다.

김 시인이 시와 인도문학에 심취하게 된 계기는 12 살 때 문학청년 큰오빠가 한글을 공부하라고 한글로 된 타고르의 동시집 «초승달»

Nachwort

Die Dichterin Kim Yang-Shik ist eine der beliebtesten zeitgenössischen Lyrikerinnen Koreas. Ihre Gedichte wurden bereits in sieben verschiedene Sprachen übersetzt (Englisch, Französisch, Chinesisch, Japanisch, Hindi, Schwedisch und Russisch). Insgesamt sind 12 Bücher in anderen Ländern erschienen. Insbesondere hat Kim Yang-Shik als Erste in Korea den Lyrikband »Gitanjali« von Rabindranath Tagore ins Koreanische übersetzt. Darüber hinaus spiegeln ihre 9 Gedichtbände, 3 Essay- und 9 Übersetzungsbände ihre literarische Leidenschaft wider.

Kim Yang-Shik, 1931 geboren in Seoul, Südkorea, studierte Anglistik an der Ewha Womans Universität in Seoul und erhielt den Bachelor-Abschluss. Ihre Karriere als Schriftstellerin begann bereits 1969. Ihre Gedichte wurden mit dem Literaturpreis der koreanischen Literaturzeitschrift »Wolgan« ausgezeichnet. Ein Jahr später erschien ihr erster Gedichtband »Die Legende von Chongup Husa«, womit sie grosses Aufsehen erregte.

Ihre lyrischen und literarischen Werke erhielten mehrere Auszeichnungen. Ihre hervorragenden Englischkenntnisse verhalfen ihr, auch international in der literarischen Welt aktiv zu werden. So bekam sie im Jahr 1973 in Taipeh, Taiwan, den »Muse Award« des Internationalen Dichterverbandes, das »Diploma Aureum Honoris Causa« 1976 in Baltimore, USA, und 1979 die Auszeichnung der Internationalen Poetenversammlung. Im Jahr 2002 erhielt sie als besondere Anerkennung den »Padma Shri«-Preis der indischen Regierung. Zuletzt wurde sie im März 2018 mit dem »Honorary Fellowship«-Preis von der indischen Sahitya Akademie ausgezeichnet. Mit diesem Preis wurde gleichzeitig ihre Arbeit zum Kulturaustausch zwischen Korea und Indien geehrt. Sie ist zum Ehrenmitglied des indischen Nationalkulturzentrums ernannt worden.

을 주었는데 결국 그 시에 매료 되어 타고르의 신비롭고 서정적인 시상과 사상을 흠모하게 되었다. 하여 김 시인은 장래 시인이 되는 꿈을 키웠으며 아울러 현재까지 개인적으로 75 년 동안 인도의 문학뿐만 아니라 인도에 폭 빠지게 되었다. 하여 김 시인은 1975 년 인도 첸나이에서 아시아 시인대회에 초청 되어 처음으로 인도 땅을 밟게 되었다.

그 후 김 시인은 인도에 대하여 더욱 심취하게 되어 동국대학에서 인도철학을 공부하여 석사학위 를 1977 년에 받았다. 이리하여 김 시인은 인도를 향한 열정으로 1981 년에 한국 타고르 협회 (Tagore Society of Korea) 를 서울에 세우게 되었다. 뿐만 아니라 인도를 알림에 앞장서 인도에서 타고르 시 낭송회 또는 문화모임의 행사가 개최 되면 초청 되어 일년에 한 두 번 인도를 방문했다. 그 때마다 여기저기 탐나는 인도의 귀한 골동품 물건들이 방치 되어 있어 애틋하고 안타까운 마음으로 조각상과 민화, 장신구, 악기 등을 사 모아 한국으로 가져 왔다. 이렇게 모은 것으로 김양식 시인은 2011 년 한국 최초 인도박물관을 만들었다. 현재 인도박물관에 2500 여 점의 진귀한 인도 골동품을 소장하고 있다. 뿐만 아니라 김 시인은 30 년 넘게 한韓. 인印 (한국과 인도) 문화원장을 맡고 있다.

김양식 시인의 여덟 번째 시집 《하늘 먼 자락에 구름 날리며》 은 2009 년에 이행 시로 총 101 편을 수록하여 상재하였다. 이 시집은 종래의 자유롭게 쓴 형식을 견제하고 김양식 시인 자시의 사유에 의하여 심사숙고 한 나머지 한국에서 처음으로 시도한 이행 시 시집으로 상재한 것이다. 이 이행 시를 받치고 있는 것은 김 시인이 오랫동안 동반한 인도정신의 사유라고 할 것이다. 즉 그것은 동양적 사유 구조이며 이에 김 시인의 시적 감성을 접목하여 투영한 것이므로 격조 높은 창조의 조화인 것이다. 이 오묘한 사유는 곧 타고르의 시집 《기딴쟈리》 를 비롯하여 그의 문학세계에서 얻은 명상의 결실이 이 이행시에 함초롬이 곁들었다.

김양식 시인의 이행 시 독일어 번역본에는 《하늘 먼 자락에 구름 날리며》 시집에서 86 편을 선택하고 새로이 추가분 22 편을

Ihr Interesse für Lyrik und indische Literatur erwarb Kim Yang-Shik bereits mit 12 Jahren, als der älteste Bruder ihr das Buch »Der Neumond« mit Kindergedichten von Tagore gab, damit sie Koreanisch lernte. In jenem Buch entdeckte sie zum ersten Mal die geheimnisvolle, gefühlvolle Welt der Poesie von Tagore und lernte, die Weltsicht von Tagore zu verehren. Dadurch erfasste sie auch der Wunsch, Dichterin zu werden, und nach 75 Jahren ist sie immer noch fasziniert von der indischen Kultur. Erst 1975 konnte sie zum ersten Mal Indien besuchen, eingeladen von der internationalen Poetenversammlung, die ihre Tagung in Chennai hielt. 1977 erlangte sie den Master-Abschluss des Studiums der indischen Philosophie an der Dongkuk-Universität in Seoul (M.A.). 1981 gründete sie die Stiftung »Tagore Society of Korea«. Seitdem konnte sie regelmässig nach Indien reisen, um an Kulturveranstaltungen teilzunehmen. Bei jener Gelegenheit begann sie, auch hier und dort unschätzbare, aber vernachlässigte Gegenstände wie Musikinstrumente, Volksbilder, Schmucksachen, Statuen usw. zu kaufen und diese Kunstobjekte nach Korea mitzubringen. Auf diese Weise konnte sie im Jahr 2011 das erste »Indische Kunstmuseum« in Korea eröffnen und mehr als 2500 wertvolle Stücke ausstellen. Außerdem ist Frau Kim seit mehr als 30 Jahren Vorstandsmitglied der koreanischen und indischen Kulturvereinigung.

Der im Juni 2009 erschienene achte Gedichtband von Kim Yang-Shik mit dem Titel »Im fernen Teil des Himmels« ist sowohl strukturell als auch inhaltlich einzigartig. Sie hat für ihre insgesamt 101 Gedichte ein sehr eigenwilliges Schema von Zweizeilern gewählt, was auch eine außergewöhnliche Entscheidung für eine Lyrikerin ist, die sonst mit der Gestaltung der Strophen stets frei umging und durchgängige Strophenformen mied. Ja, diese Zweizeiler sind wiederum

엄선하여 도합 108 편으로 꾸몄다. 108 이라는 숫자는 우연으로 정한 것이 아니라 불교에서 인간의 삶에는 108 가지의 번뇌 (고통)을 의미하므로 이 숫자에 어울리는 불교철학 한국철학 인도철학 적인 시들을 선택하였다.

하여 김 시인의 이행 시에는 보편적으로 자유롭게 쓴 시의 행에 관계없이 비록 두 줄의 짧은 형식 속에 삶의 심연에서 통찰 해 낸 신묘한 사리(진리)를 담아 내고 있다. 일본의 하이쿠와는 또 다른 두 줄로 쓴 시로 불교의 송가 또는 모든 사람들이 동감할 수 있는 명언이 깃들어있다. 특히 이행시는 간략한 두 줄의 문체에서도 인간의 존엄성과 자연의 아름다움과 신비를 기쁨으로 받아드리고 한마디 한마디의 시어가 섬세한 감각의 표상으로 사유의 결정체로 넘쳐남이 특징이다. 언어의 절제를 통하여 투명한 직관과 오묘한 사유를 통하여 시의 창조적 조화의 아름다움을 창출하였다. 이에 더하여 자신을 비우는 구도자적 사유를 진하게 느끼게 한다.

김 시인은 어린 소녀 시절부터 타고르의 시를 통하여 인도 문화를 접하게 되어 75 년이란 긴 세월을 인도적인 사유와 한국적인 사유를 적절히 접목하여 융화하였다. 과거, 현재, 미래 삼세의 시간관계와 우주와 공간을 제시하는 동양적인 사상(철학)을 토대로 인도적인 사상을 통하여 더욱 깊이 있고 절도 있는 시를 창작하였다. 이처럼 김 시인은 정신적인 뜻을 사유의 풍요로운 감성으로 두 줄의 시 속에 살아 있게 하였다. 김 시인의 이행시집은 앞서가는 세계화를 위한 우리나라의 주요한 문학 작품인 것이다. 또한 이 이행시집은 한국 문학사에 남을 작품이 될 것이며 무엇보다 한국문학사의 한 장을 이행 시로 새롭게 발전하는 시대적 욕구에 걸맞게 부응한 것이라 본다.

이미 언급한 바와 같이 김양식 시인의 시집들은 12 권이나 해외에서 상재되었다. 그 가운데 이행시 시집이 2010 년에 일본에서 상재되었다. 하여 2010 년 3월 1일자 일본 신문에 실린 서평을 소개한다.

«정신성이 깃든 별들처럼 밝고 향기 높은 시집이다» 라고 하였다.

anders als japanische Haikus und können als buddhistische Hymne oder als gütige Worte betrachtet werden. Die Form des Zweizeilers harmoniert mit der Grundstimmung des Gedichtbandes, der die buddhistischen, koreanischen und indischen Lebensweisheiten zusammenbringt. Insbesondere die geheimnisvolle Wahrheit, die sich am Abgrund des Lebens abzeichnet, bildet die Grundlage ihrer Gedichte.

Dieses ins Deutsche übersetzte Werk wurde durch 7 zusätzliche Zweizeiler erweitert und enthält insgesamt 108 Gedichte. Die Gesamtzahl »108« ist ebenfalls nicht durch Zufall entstanden. Es handelt sich hierbei um eine Zahl der buddhistischen Zahlensymbolik, wobei 108 die Anzahl der weltlichen Grundsorgen, denen ein Mensch in seinem Leben begegnet, widerspiegelt. Auch diese Gedichte sind überflutet mit Gedanken der menschlichen Würde sowie der Schönheit und der Rätselhaftigkeit der Natur, die durch die transparent gemäßigte Sprache zum Ausdruck kommen.

Kim Yang-Shik hat durch die Gedichte von Tagore, die sie im Kindesalter kennengelernt hat, ihre Liebe zur indischen Kultur entdeckt. 75 Jahre lang hat sie die indischen und koreanischen Denkweisen in ihren lyrischen Werken zusammengebracht. Die asiatische Philosophie, in der die drei Zeitzustände der Vergangenheit, Gegenwart und Zukunft mit dem Universum und dem Raum harmonisieren, verschmilzt in ihren Gedichten mit indischen Grundgedanken und gewinnt noch mehr an Schönheit und Mystik. Ihre Zweizeiler sind durch die Gedanken, die aus der buddhistischen, koreanischen und indischen Kultur herrühren und sich in der Welt der Lyrik von Kim Yang-Shik farblich vermischen, lebendig und geistreich geworden. Der Gedichtband »Im fernen Teil des Himmels« wird als eines der wichtigsten literarischen Werke im modernen Korea angesehen. Der vorliegende Ge-

그리고 김 시인 자신도 «이행 시는 ‹순간 순간› 을 머물게 한 사유의 편린들을 두 줄의 글로 남겨온 것을 한 자리에 모았다» 고 했다.

비록 두 줄로 된 시나 그 속에는 명언과 같은 뜻이 있고 가슴에 와 닿는 감흥이 있다. 이는 불교문화와 인도문화 그리고 한국문화를 유효 적절하게 밑 받침 한 것으로 본다. 하여 우주의 사랑과 평화를 짧은 이행 시로서 «영원한 진리의 참뜻» 을 펼치는 노래에 버금간다.

하여 독일 독자들은 김 양식의 이행시를 통하여 동양의 삶과 사유의 본질을 오롯이 친근하고 멋지게 접 할 수 있으면 좋겠다는 바람을 앞세워 번역자로서 기쁨과 기대를 함께한다.

특별히 이 이행시 시집 «순간 순간이 – Jeder Augenblick» 을 위해 도움을 준 크라우디아 메르텔스 (Claudia Melters) 부인, 도리스 리헬스 (Doris Richers) 부인 그리고 늘 내 곁에서 격려와 도움을 주는 둘째 여식 서혜원 박사와 무엇보다 델타 출판사 (Edition Delta) 브르구하르트 (Juana und Tobias Burghardt) 토비아스 사장님과 유아나 부인께서 아낌없는 노고로 좋은 책을 상재함에 진심으로 고마움을 여기 밝힌다.

소피아 서 정희

dichtband hat zudem eine literarhistorische Bedeutung: Er ist der erste mit Zweizeilern in Korea.

Viele ihrer Gedichte (12 Bände) sind in andere Sprachen übersetzt worden. Der Gedichtband mit ihren Zweizeilern, der Anfang März 2010 in Japan erschienen ist, erhielt in einer japanischen Tageszeitung den folgenden Lob:

»Es ist eine anmutig wohlriechende Gedichtsammlung, die leuchtet wie strahlende geistige Sterne.«

Ich freue mich somit sehr über die Gelegenheit, die Gedichte von Kim Yang-Shik auch dem deutschsprachigen Lesepublikum nahebringen zu dürfen.

Mein besonderer Dank gilt Frau Claudia Melters, Frau Doris Richers und meiner Tochter, Dr. Hyewon Seo, für ihre Hilfe. Darüber hinaus gilt mein herzlicher Dank Frau Juana Burghardt und Herrn Tobias Burghardt vom Literaturverlag Edition Delta für die sehr gute, wertvolle Zusammenarbeit.

Sophia Tjonghi Seo

Edition Delta

에디치온 델타 한국문학 시리즈

Koreanische Literatur

김재혁 Kim Jae-Hyeok
Gedankenspiele
Gedichte, zweisprachig: Koreanisch – Deutsch. Übersetzt
von Kim Jae-Hyeok und Tobias Lehmann. ISBN 978-3-927648-55-5

김선우 Kim Sun-Woo
Unter Pfirsichblüten eingeschlafen
Gedichte, zweisprachig: Koreanisch – Deutsch. Übersetzt
von Kang Seung-Hee und Kai Rohs. ISBN 978-3-927648-23-4

신달자 Shin Dal Ja
Morgendämmerung
Werkauswahl 1989-2007
Gedichte: Koreanisch (tw.) – Deutsch. Übersetzt und mit einem Nachwort
von Sophia Tjonghi Seo. ISBN 978-3-927648-42-5

박희진 Park Hijin
Himmelsnetz
Werkauswahl 1960-2003
Gedichte: Koreanisch (tw.) – Deutsch. Übersetzt und mit einem Nachwort
von Doo-Hwan und Regine Choi. ISBN 978-3-927648-21-0

마종기 Mah Chonggi
Augen aus Tau
Werkauswahl 1960-2010
Gedichte. Aus dem Koreanischen und mit einem Nachwort
von Gwi-Bun Schibel-Yang und Wolfgang Schibel. ISBN 978-3-927648-45-6

www.edition-delta.de

퇴계 Toegye (Lee Hwang/ Yi Hwang)
Als der Hahn im Dorf am Fluss krähte,
hing der Mond noch im Dachgesims
Gedichte 1515-1570. Deutsche Fassungen von Tobias & Juana Burghardt auf der Grundlage der Vorarbeit von Doo-Hwan und Regine Choi und mit einem Nachwort von Tobias Burghardt. ISBN 978-3-927648-34-0

김훈 Kim Hoon
Schwertgesang
Roman. Aus dem Koreanischen von Heidi Kang und Sohyun Ahn.
ISBN 978-3-927648-22-7

채만식 Chae Manshik
Ein Frühlingstag im Paradies
Roman. Aus dem Koreanischen und mit einem Nachwort von Yunhui Baek.
ISBN 978-3-927648-47-0

김유정 Kim Yujong
Kamelien
Erzählungen. Aus dem Koreanischen und mit einem Nachwort von Yunhui Baek.
ISBN 978-3-927648-50-0

황석영 Hwang Sok-Yong
UNKRAUT und andere Prosa
Erzählungen. Aus dem Koreanischen von Kang Seung-Hee, Oh Dong-Sik, Torsten Zaiak und Martin Tutsch. ISBN 978-3-927648-36-4

정영문 Jung Young Moon
Mondestrunken
Roman. Aus dem Koreanischen von Philipp Haas und Lee Byong-hun und mit einem Nachwort von Philipp Haas. ISBN 978-3-927648-43-2

시중 서점 구입 혹은 출판사로 직접 주문 가능.

www.edition-delta.de

Edition Delta

Bangla Poesie

Aminur Rahman
Perpetual diary - Fortwährendes Tagebuch
Gedichte, zweisprachig: Englisch – Deutsch.
Translated from Bangla into English by Aminur Rahman.
Ins Deutsche übersetzt von Manfred Chobot.
ISBN 978-3-927468-61-1

100 Poems from Bangladesh
Anthologie: Englisch.
Edited by Dr. Peter Horn & Dr. Anette Horn.
Anthology of 25 contemporary Bangla poets:
Shamsur Rahman, Alauddin Al Azad,
Syed Shamsul Huq, Al Mahmud,
Fazal Shahabuddin, Shaheed Quadri,
Sikder Aminul Huque, Hayat Saif, Rafiq Azad,
Asad Chowdhury, Al Mujaheedy, Mahadev Saha,
Rabiul Husain, Nirmalendu Goon, Abul Hasan,
Habibullah Sirajee, Mohammad Nurul Huda,
Jahidul Huq, Abid Azad, Nasir Ahmed,
Jahangir Feroze, Muhammad Samad,
Kamal Chowdhury, Tarik Sujat, Aminur Rahman.
Translated from Bangla into English by Kaiser Hug,
Sudeep Sen, Syed Najmuddin Hashim,
Kabir Chowdhury, M. Harunur Rashid,
Alfaz Tarafder, Hayat Saif, Saidur Rahman,
Syed Manjoorul Islam, Mohamed Mijarul Quayes,
Mohammed Nurul Huda, Suresh Ranjan Basak,
Al Mujaheedy, Rabiul Husain, Farida Majid,
Khondakar Hossain, S M Maniruzzaman,
Quader Mahmud, Afsan Chowdhury, Jahidul Huq,
Tassaddoque Hussain, Siddique Mahmudur Rahman,
Syed Fattahul Alim, Afzal H. Khan, Tapan Kumar Maity,
Kajal Bondyopadhyay, K Ashraf Hossain, Muhammad Samad,
Tapan Shahed, Shuborna Chowdhury,
Aminur Rahman, A Z M Haider.
ISBN 978-3-927648-60-9

www.edition-delta.de